박숙정 첫 시집

시집 발간을 축하하며

한재남(John J. Han)

2023년 여름 박숙정 시인의 시집 원고를 기쁜 마음으로 읽었다. 2009년 〈윌더니스〉 문예지 발행인 박정근 교수가 등단 심사평에서 적은대로 시인은 "순간의 일상생활을 소재로 담담하고 정감있는 시를 쓰는" 재능을 가지고 있으며 "자신이 살고 있는 공간에서 스쳐 간 사람들의 들숨과 날숨을 느낄 수 있는 예민한 감수성의 소유자"이다. 〈홍시〉는 평범한 일상으로부터 그 소재를 가져와 그것을 시적 상상력을 통해 독자들과 함께 나누는 소박하면서도 통찰력 있는 작품들을 담고 있다. 시가 독자에게 감동을 주려면 인위적 기교와 현란함보다 진솔함과 따스함이 있어야 하는데 그런 면에서 〈홍시〉는 인정이 메마르고 삶이 복잡다단한 이 시대에 시를 읽는 즐거움을 한껏 선사하는 책이다. 시인은 이 책에서 계절의 변화와 그에 관한 상념, 가족과 동물들을 향한 사랑, 노년에 접어 들어 깨달아가는 것들, 신앙과 소망에 대한 생각들을 나누고 있다.

동양시의 가장 큰 특징 중의 하나가 사시사철의 변화와 그것에 대한 관조이다. 〈홍시〉에서도 춘하추동의 다가옴과 그에 대한 시인의 감응을 그리고 있다. "봄 봄 봄"에서 시인은 겨울이 밉지 않은 건 봄이 있기 때문이라고 밝힌다. "모든 것이 용서되는" 계절이 봄이기 때문이다. 그렇다고 봄이 늘 기쁜 것만은 아니다. 상사화처럼 못다 이룬 사랑으로 끝나는 봄도 있기 때문이다. 봄은 "사랑으로 시작해 그리움으로 저무는 /

상처투성이"로 다가 오기도 하는 것이다. 한편 가을은 떠남의 계절이다. 그러기에 "제 모습 불사르지 못하고 / 우수수 한숨으로 떨어진 낙엽들"은 운명과 같은 떠남을 채비한다.

자연은 즐거움과 아울러 삶에 대한 교훈을 주기도 한다. "유채꽃"에서 시인은 수채화처럼 온 들판을 노란 색으로 물들이는 유채꽃 사이에서 잠시 머물다 가는 인생이니 "슬픈 날은 잊어버리고 / 기쁜 날만 기억하자"는 속삭임을 듣는다. 겨울을 이겨 내고 새 순과 새 잎을 피워 내는 나무들을 보며 시인은 그 우직함과 강인함에 겸허해짐을 느낀다. 또한 시인은 "텃밭"에서는 채소를 키우는 복잡하고 힘든 과정을 겪으며 채소를 키우는 것과 자식을 키우는 것이 동일함을 배운다. 둘 다 정성과 사랑을 필요로 하기 때문이다.

〈홍시〉에 있는 상당수의 시들은 가족에 대한 사랑과 동물들에 대한 따스한 마음을 담고 있다. 시 "가족"은 "한 사람의 콧노래에 / 다 같이 즐거워지고 / 한 사람의 한숨에 / 다 같이 흔들리는 게 / 가족이다"라고 적고 있다. 정확한 말이다. "자식"에서 적었듯이 두 남녀가 만나 알콩달콩 살다 보면 "사랑의 단물이 베어 들어 / 보석 같은 아들 딸"을 낳게 되는 것이고 그들이 삶을 의미있게 해주는 것이다. 또한 2010년생인 자신의 애완견 짱이를 보며 시인은 그와 함께 늙어 가는 것을 서글퍼하며 서로 오래 오래 건강하게 살자는 다짐을 해본다.

〈홍시〉는 어느 나이층의 독자들에게나 어필할 수 있지만 특히 60을 넘어서 노년을 향해 달려가는 독자들이 공감할 만한 시들을 여러 편 담고 있다. 중년이 다가오면 "첫눈이 그닥 가슴 설레이지 않은 오후"를 가끔 맞이하게 된다. 시인이 언급하듯 "젊은 날의 사랑도 아름다운 추억도 간데 없고 / 나이 들수록 그리운 사람은 멀어지고 / 다가오는 사람은 낯설기만" 하다. 시 "달력"에서는 시간이 빨리 지나감에 대한 안타까움이 묻어 있다.

특별히 할 일이 있는 것도 아닌데 "무언가 바쁘지 않음에 대한 / 줄 없는 채찍질"을 자신에게 하는 것을 발견하는 것이다. 한편 "겨울의 문턱에서"는 공원 벤치의 빛바랜 은행 잎이 "화려하고 찬란하게 빛났던 날은 / 못내 그리움으로 남기고" 겨울을 기다리고 있는 모습을 통해 절실하게 느껴지는 삶의 유한성을 표현한다.

가톨릭 신자인 박 시인은 시를 통하여 삶과 죽음의 미스테리를 풀어 나가려고 노력한다. 그러나 신앙생활은 늘 기복이 있게 마련이어서 세례 당시 모든 것을 주님께 맡기라는 가르침을 받았지만 여전히 염려와 걱정으로 살아 가는 자신을 발견한다. 60세가 되기 전에 세 번의 임종을 목도한 시인이 받은 트라우마의 영향이리라. 시 "기도"에서 시인은 "생사화복을 권두 지휘하시고 / 이끄시는 구세주 하나님"께 모든 것을 맡기는 고백을 하며 마음을 다잡는다. 그리고 희망을 잃지 않으려 노력한다. 시 "길"에서 표현한대로 이 세상에는 여러 갈래의 길이 있는데 희망의 길을 선택하는 것이 현명한 일이며 그 희망을 향해 가는 길은 "무거운 짐을 지고도 가벼웁다." 인생은 고락이 함께 하고 그것은 피할 수 없는 인생의 조건이다. 시인은 자신의 신앙을 통해 어느 누구에게도 쉽지 않은 인생의 여정에서 위로와 힘을 얻는다.

마지막으로 시인은 순천대학교 송수권 교수 (1940-2016)의 문하에서 시창작을 공부한 사람이다. 그래서인지 몇몇 시들은 그 소재와 스타일에서 송 시인의 영향을 보이는 듯하다. "선암사"는 송 시인의 백련사를 소재로 한 시들을 연상케 하고, "산수유"는 송 시인의 시에서 자주 언급되는 꽃에 관한 시이고, "유채꽃" 역시 송 시인의 시 "땅끝에서"에 언급된다. 박 시인 역시 남도에서 터전을 잡고 살고 있으니 송 시인과 비슷한 자연 환경의 영향을 받았을 것이다. 물론 박 시인의 시는 그 나름의 자연과 삶에 대한 관조가 담겨 있어서 그 영향은 피상적이고 모방이 아닌 창조적 노력의 산물이다. 같은 소재를 다루더라도 각자의 삶의 경험과 그것을 보는 시각이 다르기 때문에. 하지만 스승으로부터 배우는 것들은 알게 모르게 우리의 일부가 된다는 것 또한 사실이다. 20-21세기 호남 최고의 시인의 한 분이셨으니 그 영향을 받았다는 것은 자랑스러운 일이리라.

　박 시인의 시는 현재 한국에서 시 쓰기의 거의 유일한 형태인 서정적 자유시(free verse)의 전통을 따르고 있다. 한국의 대학들에서 이루어지는 시 강의도 거의 서정적 자유시에 대한 것이리라 짐작된다. 고은 시인이 1994년에 완성한 52,000행의 〈백두산〉이 서사시로 알려져 있지만 이 작품은 매우 예외적이다. 유럽, 인도, 아프리카 등지에서 서사시가 발달한 것에 비하여 동북아시아의 중국, 한국, 일본은 자연과 일상의 삶을 노래하는 짧은 형태의 시들이 전통적으로 쓰여져 왔다. 중국의 절구, 한국의 시조, 일본의 단카와 하이쿠가 그 좋은 예이다. 그러다가 100여년 전에 서구에서 들어 온 자유시가 동양적 정서를 담는 그릇이 되어 왔고 또 그 역할을 비교적 잘 하고 있는 듯하다. 하지만 자유시는 쉬워 보이면서도 쉽지 않은 시형이다. 미국 시인 로버트 프로스트(Robert Frost)가 말했듯이 좋은 자유시를 쓴다는 것은 "네트가 없이 테니스를 치는 것"(playing tennis without a net)처럼 어렵다. 다행히 박 시인의 시들은 자유시가 가지고 있는 제약을 잘 이해하고 그것을 넘어서는 노력을 한 흔적이 곳곳에 보인다. 자칫 산문조의 시가 될 수 있는 자유시의 시형을 절제있게 사용하는 것은 어려운 일인데 〈홍시〉는 그러한 면에서 성공적인 시쓰기의 좋은 예가 될 것이다.

　36년 간 미국 생활을 하다가 〈홍시〉를 모국어로 읽으면서 문득 생각나는 것은 물론 미국도 자유시가 시창작의 주류를 이루고 있지만 한국에 비해서 훨씬 다양한 시형을 가지고 또 시인들은 새로운 시형들을 늘 만들어 낸다는 것이다. 미국은 현재 가진 것에 만족하지 않고 늘 새로운 것을 만들어 가는 개척의 나라이기 때문에. 현재 세계에는 200개 이상의 시형이 존재하고 있고 미국에서는 그 중 수십 가지의 시형을 사용하고 있으며 그 시들을 실어 주는 수많은 시 잡지가 생겼다 사리지고 다시 생기는 매우 역동적인 나라이다. 그러한 변화무쌍한 미국의 시적 환경에 비해 한국은 비교적 변화가 적고 한 번 어떤 전통이 뿌리 내리면 그것이 쉽게 변하지 않는 것 같다. (그런 면에서 본다면 한국은 문화적으로 매우 보수적인 나라이다.) 그렇더라도 자유시는 훌륭한 시형의 하나이며 좋은 시들을 무한정으로 생산해 낼 수 있는 그릇이다. 시를 통해서 자신의 느낌과 생각을 표현할 수 있다는 것, 또 그것들을 독자들과 나눌 수 있다는 것은 큰 축복이다.

모쪼록 박 시인을 포함한 한국의 모든 시인들이 자유시를 한국인의 정서를 담아 내는 도구로 더욱 발전시켜 나가기를 기원드린다.

한재남(John J. Han)

영문학박사 (University of Nebraska-Lincoln). 현재 미국 Missouri Baptist University 영문학 및 문예창작학 교수 겸 예술인문대 부학장

2023.09

차 례

시집 발간을 축하하며 7

[Thriving as a hoe rice paddy] 22

괭이밥풀로 사는 법 23

가족 24

봄 봄 봄 25

모닝커피 26

등단심사평 28

자식 30

짝꿍 31

까치밥 32

상사화 33

꿈 34

풍경 35

인연 36

낙엽 37

사랑은 38

사랑 39

선물 Ⅰ 40

선물 Ⅱ 41

[My Own Definition of Love] 42

사랑에 대한 나름대로의 정의 43

초조한 가을에 45

그대 있음에 46

홍시 47

봄 48

다합마을 49

시골풍경(추석맞이)	51
가을은……그랬다	52
운과 운명	53
빨래에 관한 명상	54
중년	55
기도	56
산	57
고 3	58
산수유	59
소풍	60
[Canola Flowers]	62
유채꽃	63
짱이	64

달력 66

붕어빵 67

감꽃 목걸이(외가Ⅰ) 68

봄 Ⅱ 70

할머니 (외가Ⅱ) 71

나무 72

겨울의 문턱에서 74

봄이 되어 75

풍금 76

트라우마 77

내 나이 육십 78

차 한잔 79

두 보물 80

삽살개	81
텃 밭	82
모닝커피	83
길	84
콩이	86
구속	87
봄	88
빈 집	89
허수아비	90
항아리	91
너에게	93
[This Too Is Love II]	94
이것도 사랑 II	95

[Back to My old Home] 96

고향집 97

이것도 사랑 III 98

노년 99

아멘 100

갱년기 101

선암사 102

[Comforting my heart] 104

최면걸기 105

텃 밭 II 106

장날 107

인간관계 108

아버지 109

[Flower] 110

꽃 111

임종 112

부끄러운 것 113

겨울 114

나이롱 보자기 115

들꽃 116

대지의 환생 117

엄마 118

아이러니 121

Thriving as a hoe rice paddy

- 괭이밥풀로 사는 법 -

Moving to a new nest,
A lone orchid became my family.
Struggling to adopt, unable to thrive,
Days of anguish, it withered and sighed.
Yellowing, wilting,
Until it finally fell to the ground.
From the fallen spot,
Emerging one by one,
New sprouts began to grow
But each one had to be torn away.
Your name,'hoe rice paddy.'
Dejected and wilted,
You did sway.
Yet, before long, formed clusters here and there.
In vibrant green, spreading far and wide.
A whispering voice, a healing prize,
"No more pain," it softly implied.

괭이밥풀로 사는 법

입택을 전후로
가족이 된 수려한 난 한촉.
심한 낯가림으로 몇날을 시름시름 앓다가,
누런 병색 짙더니 그자리에 이내 눕고
허허로운 그곳에 기운이 돌아 혹시나 하고 보니,
들키면 큰일나는 숨을 죽이며
조심스레 올라온 새싹 하나.
틈틈이 드러내어 매번을 강제 추방당했던
너의 이름은 괭이 밥풀.
주눅든듯 시들하여 눈길 한번 주었더니,
망본놈 뒤를 이어 몇일 사이
사돈네 팔촌까지 군락을 이루었구나.
새록새록 재이는 초록의 목소리로
내게 처방을 내렸지.
견디기를 포기 하지 않으니
마음 아플 일은 없을 거라고...

가족

한 사람의 콧노래에
다 같이 즐거워지고
한 사람의 한숨에
다 같이 흔들리는게
가족이다.

한 사람의 눈물에
다 같이 젖고
한 사람의 희망에
다 같이 가슴 뛰는 것이
가족이다.

봄 봄 봄

모든 것이 용서되는 봄
꽃들은 향기가득 머금은채
피고 지고를 쉬지 않고
따사로운 햇살에
나비와 벌들은 반가움 앞세워 마중 나간다.
겨우내 웅크렸던 마음 풀려
세상천지가 환하다.
겨울이 밉지 않은 건
봄이 있기 때문
봄이 정말 오긴 왔나 봄

모닝커피

고상하고 도도한 이미지로
먼저 다가오는 법이 없다.
달콤함과 씁쓸함도 내가 조절해야...
하지만,
짝사랑하는 여인마냥
매일 아침 그를 찾는다.
식도를 따라 따뜻한 모습으로 들어오는 그는
한번도 배반하지 않는
향기와 설레임과 달콤함을 선물로 가져와
마음의 빗장을 활짝 열어주며
행복한 하루의 마중물이 되어주는 그대가
참 좋으다.

등단심사평

(2009년 11월 "윌더니스" 문학으로 등단) 문학박사

시인_박정근

박숙정님의 시를 읽고,

순간의 일상생활을 소재로 이렇게 담담하고 정감있는 시를 쓸 수 있구나 하는 생각이 들었다. '항아리', '빈집' 등은 요즘의 시골 풍경을 그리면서 그 안에 살고 있는 사람들의 마음을 엮어내고 있는데 항아리 속에서 집안의 역사를 풀어낼 수 있으며 빈집을 보고 사람이 떠난 텅빈공간의 황량함을 느낄 수가 있었다.
시란 그런 것이다.
아무 의미 없는 물질에서 인간의 손길을 느끼고

감정을 자아낼 수 있는 것이 시의 커다란 역할이라고 볼 수 있다.
박숙정 시인은 자신이 살고 있는 공간에서 스쳐 간 사람들의 들숨과 날숨을 느낄 수 있는 예민한 감수성의 소유자이다.
그녀는 시를 통해서 삭막해져 가고 있는 현대인의 삶에 서정적인 채색을 할 수 있는 역량 있는 시인이라고 본다.
앞으로 더욱 정진 하면서 훌륭한 시인으로
성장하기 바란다.

자식

가을비 잎에 물들면
단풍으로 붉어지고
감한테 물들면 달달해지며
벼에게 들면 뜨물이 되듯
좋은 사람 만나
알콩달콩 살다 보면
사랑의 단물이 배어들어
보석같은 아들 딸 낳겠지요

짝꿍

신발은
두 개가 있어야 신을 수 있어
장갑도
두 개 있어야 낄 수도 있고
젓가락도 그렇고
양말도 그렇지
두 사람이 친해지면 단짝이 되고
둘이지만 하나가 되는
짝꿍이 되는 거지

까치밥

감나무에 주렁주렁
붉은 저녁 해처럼 감들이 발갛게 익으면
나뭇잎지고 서리 내리는 겨울에
까치밥 하려고
꼭대기쯤에 두세개 남겨놓지
추운 겨울 찬 서리 맞은 달디단 감들을
배고픈 까치들 맛나게 먹으라고…
보아도, 해주어도, 마음 따뜻한 밥
까치밥

상사화

꽃과 잎이 만날 수 없기에
서로를 보지 못하고
그리운 듯 긴 목을 쭈욱 빼어 보지만
그 고운 얼굴 한번 보지 못한 채
보내야 하는 애절한 사연
너무 간절한 것들은 사라질 수 없어
그저 그저 아득해질 뿐
사랑으로 시작해 그리움으로 저무는
상처투성이의 봄이 원망스러운 듯
불씨 번지며 붉게 타는 상사화

꿈

수학여행때

잃어버린 구두 한 짝

목욕탕에 갔는데

갑자기 물이 끊겨

제대로 씻고 나오지 못했던 찝찝함

아픈 아이 업고

병원 찾아 헤매는 긴박함

골목길 도랑에서 한도 끝도 없이

십원짜리 동전 줍는 꿈

인생은 불안함의 연속인가

극복하는 단순한 방법으로

지금부터는

포근한 이불을 덮고 자기로…

풍경

기껏 해 봐야
베란다 창문 열어본다.
초록의 이불 위로
오묘한 진홍의 꽃잎 정열의 짧은 치마를 입고
요염한 자세로 '시클라멘'이라 불러 달란다
새벽 찬 공기에도 아랑곳하지 않고
잘도 꾸미는
코사지 같은 '바이올렛'
저 멀리 보이는 운동장가의 은행나무
중년의 공허함에 동참이나 한 듯
빗질하지 않아도 힘없이 날리고…
솔베이지의 한처럼
내 마음도 날린다
한잔의 커피와
늘어지는 발라드 음악을 타고…

인연

옷깃만 스쳐도 인연이라 했거늘
꽃처럼 별처럼
때로는 구름처럼 비처럼
가슴 한가운데 돛대 달고 헤메인줄 알았는데
전생 운운하며 후생 운운하며
삼백육십오일 고개너머
새 풀옷 단장하고
내 앞에 서 있더라
나무로도 보였다, 바람으로 보였다가
등대로도, 바다로도, 학으로도, 철새로도
꽃도, 바다도 나무도, 새도
나에겐 간절한 인연의 매듭
하물며,
곁에 있지 않아도 눈에 아른거리는
박꽃 같은 사람 하나
들꽃 같은 사람 하나
세월은 고집부려
절대 돌아오지 않는다는데…

낙엽

여름을 밀어내려
힘에 부친 가을의 모양새가
우스워 보이더만

조석으로 냉랭한 기운에
제모습 불사르지 못하고
우수수 한숨으로 떨어진 낙엽들

그냥 가려나 보다...

사랑은

한세월 해풍에 삭히고
소금기에 젖어 바라다보면
파도 소리 법문 한 자락에
귀가 트이려나
일몰 속에 사그라들던 기억들이
아침 바다에 떠오르는 햇살로 되살아날 때
밀물과 썰물 사이에서
괴로워하던 추억도
붉은 꽃 해당화로 꽃 피웠다.
하얀 포말 속에 잠기어 흩어졌던 기억들
태풍 속에 숨어 떠돌다가
가볍게 내 쉬는 한숨 소리에
다시 꽃피우는
붉은 사랑의 노래

사랑

어차피 이별을 해야 하기에
사랑을 하는 것인지도 모른다
사랑이라는 여행도
언제나
추억의 종착역이 있으므로

선물 Ⅰ

생일을 미리 축하하며 보내온
분홍 철쭉꽃 화분
아파트 뒤편 두지마을에 자주 갔던
고목에 핀 정자나무 같기도 하고
저수지 동편에 우뚝 서 있던 소나무 같기도…
눈뜨면 아침 공기 마시며
방그라니 몇 송이씩 터지더니
2월 11일 만개하여
소리 없는 폭죽으로 축하를 하네
화사한 꽃잎도 언젠가는 지겠지만
초록의 잎만 남아
그 또한 푸릇푸릇함으로
거듭 기쁨을 주는 매력덩어리

선물 II

스님의 사리만큼이나
의미있는 영혼의 결정체는 아닐지라도
약지 손가락에 떨구어진
당신의 굵은 눈물
사랑이라는 명제로 긴 결속이 되고
지치지도 않은
당신의 곰살맞은 마음에
이 밤을 하얗게 세우기도 하고
시인으로
만들어 버리기도 하고...

My Own Definition of Love

- 사랑에 대한 나름대로의 정의 -

It means willingly enduring a day's wait
to meet for ten minutes.

It means being suddenly afraid that
happy moments might become cruel memories.

It means my ideal type of man changes instantly
although he is the opposite of my type

It means a casually spoken word
becomes meaningful

사랑에 대한 나름대로의 정의

십분을 만나기 위해
하루를 아낌없이 버틸 수 있는 것

즐거운 순간이 잔인한 추억이 될까 봐
갑자기 불안해지는 것

사랑은
꿈꿔온 이상형과 전혀 달라도
이상형이 삽시간에 바뀌는 거

스쳐 가듯 던진 한마디 말도
의미 부여가 되는 거

초조한 가을에

마냥 푸를 것만 같은 솔잎들도
고엽으로 지고
황량한 바람에 마음 둘 곳 없는데
시련의 세월에
마법이라도 걸린 양 바닥을 뒹굴 때
인색한 흙조차 땡땡 굳어 일어날 줄 모르고
이내 갈기 찢긴 몸 만신창이 되어
차가운 얼음덩이 어서 오라 손짓하는데
하루해가 간다고
사라지지 않는
푸른 멍 속앓이를
어찌하면 이길까

그대 있음에

그대 있음에
동심으로 돌아가
철부지처럼 허물없이
그저 즐거움뿐이더라

못난 곳 보여도
부끄러움이 드러나도
그대로 어여삐 보아주는
마음뿐이더라

그런 그대와 함께 하자니
모든 것 풀어 놓아
영혼까지 쉴 수 있는
마음 편함이더라

홍시

한입 베어먹고 너무 떫어
밑도 끝도 없이 헤어지잔다.

아직 익지도 않았는데
떫다고 헤어지잔다.

찬 서리 맞고 하얀 눈 내릴 때

빠알갛고 부드럽고
달콤한 속살을 보고도

헤어지자고 말할까?

봄

새가 하늘을 나는 것은
욕심의 무게를 줄였기 때문이고
꽃이 땅 위에 무수히 피는 것도
욕심의 넓이를 비웠기 때문

향낭을 쥐고 온 듯
천지를 그득히 물들이고
나타나는 봄의 찬란함이여
자연의 풍요로움이여.

천지창조의 위대함이여

다합마을

매화마을로 향하는데
섬진강이
버선발로 마중 나온다

이른 봄 햇살 받으며
유유히 흐르는 강을 뒤로하고
다합마을에
매화가 한창이다
꽃을 접하기도 전에
마음이 먼저 설레 선홍빛으로 물든다

은빛 모래 반짝이는 섬진강 따라
지리산 자락엔 나무와 나무가 만나고
방긋방긋 맺은 매화 꽃송이
속사정 터놓듯
소담스런 몸짓으로 살랑거린다

시골풍경(추석맞이)

시골마당 넓따란 평상 위엔
재달빛 등불 삼아
하얀 떡쌀 빻아 찰지게 치대어
생율, 콩, 고소한깨 속에 넣고
꾹꾹 눌러 담아 누구 솜씨 최고일까
예쁜 송편 빚겠지
솔잎 향 풍겨져 나오는 부뚜막엔
송편 찌는 솥뚜껑 숨 거칠게 들썩이고
펼쳐놓은 멍석 위엔
무쇠솥 뚜껑 번철 삼아
들기름 두르고 눅스름한 기름내 풍기며
노릇노릇 구워지는 부침개와 산적
마루 밑 누렁이도
코 벌름거리고 쿵쿵대며
잠 못 드는 밤

가을은……그랬다

자신의 잎보다 더 많은 비밀을
연두에서 초록으로
푸르다 못해 희부신 삶을 살다가
하늘은 잔칫날처럼
노을 지피는 기억의 집으로 가고
멀찍이 바람이 서서 나뭇잎을 들출 때
우수수 한숨으로 떨어지는 낙엽
그냥 가려나 봅니다.

떨어지는 것들이 쌓여서 잠이 들면
나는 헐렁한 옷을 입고 서 있노라고…
가을 언저리는 늘 그랬다.
한입에 두 말을 달고 사는…
가라. 가지마라. 보고싶다. 보기싫다
화내다 웃고 웃다가 우는
혼돈의 연속

운과 운명

부화하지 못한 계란 한 판과
싹 틔우지 못한 두부 한 모도
충분한 먹거리로 구실을 하듯
'운' 없다고 한탄 말고
글을 뒤집어 '공'을 들이든
그것도 아니면
운명으로 받아들여요.

빨래에 관한 명상

땡볕도 엷어진 틈을 타
바람에 녹초가 된 몸들이
마당에 늘어진 외줄 등걸 위로와
몸들을 푼다
세상살이 고달픔도
사랑에 잠 못 드는 눈망울도
목동 같은 외로움도 걸려 있다.
바람에 몸을 실어
앞뒤 옆의 안부를 물으며
몸뚱아리의 수분을 날려 보낸다
훌훌 자유인이 되고 싶어요
애꿎은 고추잠자리의 집게도 한몫하여
놓아주질 않고
항상 말쑥한 놈만 주인의 손아귀에 채여
내일을 채비하고
낡고 바랜놈은 가차 없이 버림당해요
알몸이 아니기에 부끄러울 것도 없는
어차피 허물이 아니었던가

중년

첫눈이 그닥 가슴 설레이지 않은 오후
젊은 날의 사랑도 아름다운 추억도 간데없고
나이 들수록 그리운 사람은 멀어지고
다가오는 사람은 낯설기만 한데
무기력함과 잃어버린 자신감은 출구를 찾지 못하고
낮은 대로 낮은 대로만
몸을 낮춘다.
마음만 바빠 하루에 천리를 뛰고
다리는 멀쩡하나 머리는 뻐근합니다.

기도

간절한 기도로
생각과 계획을 생활로 연결하여
삶을 이루게 하시는 하나님

생사화복을 권두 지휘하시고
이끄시는 구세주 하나님

한없이 부족하고 미련한 인간을
구원하소서
소중한 마음속 되어 이끄소서
아멘!

산

항상 그 자리에 서서
묵묵히 지켜보는
산은 하나님이시다

고독으로 이끌고 가
정직한 자신을
되돌아 보고 내려다보게 하는 힘이다
죽을힘을 다해
마지막
찾아가는 곳도 이곳이다

사계절 눈을 뗄 수 없고
숨통이 트이는 곳
이곳이 바로
천국이다

고 3

아득히 먼 곳에서 보내는 달빛은
온 세상 고루 밝혀주고
삶의 속내 있는 것들만을 비추면
나의 빛은
얼마나 낮은 곳에
자리한 등잔 이었던가
반달을 흠 없이 빚어 보름달이 된
더도 말고 저 보름달만 같아라
햇살이 통통 살찐 햇곡식으로 빚은 송편
풍성한 추석날도
야자(야간자율학습)하는
대한민국 고3의 현실이여
이고진 모든 짐 풀어놓고
편한 한가위 되소서...

산수유

봄날을 마중하는 산수유 찾아
굽이굽이 산동 마을길에 오르다
노란 꽃나비들이 아직 엉거주춤 앉아있고
뭇 나무들은 선잠을 깨는 중
꽃길에 홀려 되돌아오는 길에
갈팡질팡 지그재그 고단했지만
산수유의 꽃말 '호의'와 '불변'이란다
찬 서리 뚫고 맨 먼저 반겨주는
산수유 답구나

소풍

날 잡고 나면 매번 비가 내려
밤잠을 설치던 초등시절, 소풍 가던 날은
풍선처럼 마음 들뜨고
봉지가 빵빵한 새우깡 크라운샌드와 캬라멜을
배낭에 담아 머리맡에 두고
자다 말다 새벽같이 일어나
삶은 달걀과 찐 밤
김밥 도시락을 마지막으로
배낭끈을 조이고
새로 사준 골덴바지 밑단 둘둘 말아 입고
새 운동화 신고 대문을 나선다
땡볕에 그을리고
뒤꿈치가 까여도
명절보다 더 신난다
소풍,
소풍이기에 마냥 좋은 게다

Canola Flowers

- 유채꽃 -

It seems like yesterday
After monsoon rains,
golden fields under Dongcheong Bridge
Were crying out,
their heads barely sticking above
the swollen water.
Now the fields look like a watercolor painting
drawn in abundant yellow.
Tens of thousands of yellow lips
smile, whispering to us,
you have only one life for a short stay,
forget the sad days,
remember the happy days.

유채꽃

동천교 아래 펼쳐진 황금빛 들판
장맛비에 잠겨
목만 내놓고 아우성치던게
엊그제 같은데
노란 물감 풀어 한 폭의 수채화 그려 놓은 듯
수천만의 노란 입술로
미소 지으며 소곤댄다
잠시 쉬었다 가는 한 번뿐인 인생
슬픈 날은 잊어버리고
기쁜 날만 기억하자고...

짱이

2010년 3월생
초롱초롱한 눈망울로 선함을 보여주고
폴짝폴짝 뛰며 데려가 주라고
요망떨던 녀석이
우리 가족으로 합류하여 13년을 훌쩍 넘어
사람 나이로 치자면 80이란다.
몸뚱아리 곳곳에 핀 검버섯과
해맑던 눈동자도 뿌애지고, 다리도 삐걱거리고
사람하는 것 다 한다.
나 힘들다고 제대로 돌보지 못한
과거가 몹시도 죄스러워
거의 함께 동거동락한지 10여년
너도 늙고, 나도 늙고
엄마 바라기 우리 짱이
오래오래 건강하게 살자
사랑하는 셋째 내 아들

달력

한 해가 가고 새해를 맞이한다며
요란 떨던 게 엊그제 같은데
1월 달력을 넘기려니 벌써
3월도 중순으로 달리고
시간은 나이의 속도로 간다는데…
초스피드 시대라 초고속으로 가는가 보다
하지도 않으면서
할 것도 없으면서
무언가 바쁘지 않음에 대한
줄 없는 채찍질

붕어빵

도로가에
오후 5시면 어김없이 나와 있는
주황색 구르마

입이 궁금해도 사먹고
추억이 그리워서도 사먹고

붕어모양 붕어빵이
해가 갈수록 자그마해진다
세상살이 힘들어서 여위어 간다

감꽃 목걸이(외가 I)

제주까지 간다는 철선 옥소호에
한나절 반이나 다인 객실에 몸 섞다 보면
참빗장수 난장이 아저씨의 걸죽한 입담에
매슥거리는 배멀미도 잊는다
벽파진에 도착하고 오일시 장터를 지나
괴소문 무성한 큰 저수지 앞을
죽을힘 다해 담박질하다 보면
길모퉁이 기와지붕 용마루보다
웃자란 감나무가 먼저 반기는
진도군 고군면 오산리의 외가
뚝뚝 베물어 올려주신 총각김치 아래
금잔디 동산처럼 소복한 조밥 한 그릇

후딱 비우고 나가면

비단처럼 부드러운 감꽃이 마당 가에서 웃는다

새벽잠 설치며

마음은 벌써 세줄이나 감꽃을 꿰는데

개울가 배들덕네 셋째딸 시바는

오산덕 손녀딸이 들고 왔을

푸른 눈의 말랑한 미제인형이 가물거려

감줄 목걸이 꿰어들고 한달음에 건너와 놀고지고

봄 II

산언덕 갈피마다
복사꽃 이어지고
그 그늘 안에서
서로들 그간 안부 묻는다
봄이 벌써 와 버렸어요
어떤 나무는 꽃잎부터
어떤 나무는 잎부터
급한 마음을 세상에 내어놓고
이산 저산 앞다퉈 나오니
덩달아 어디론가 가고 싶은 마음

할머니 (외가 Ⅱ)

하늘 아래 서로 뒤척였던 어느 가을날
만병통치 양귀비 달인물도
효험 없어질 무렵
당신도 감꽃처럼 바람에 낙화하시고
반백년 지난 새벽녘 문득
지금도 그 아이는
세월의 감꽃을 꿰고 있겠지?

나무

한자리에서 평생을 붙박혀져 있어도
제모습 제자리 지키며
철마다
이파리와 꽃과 열매를
새롭게 또 새로이 맺어
오감을 행복의 길로 이끄는 그는
언제나 나무이고,
모여있는 가족은 숲이다
모습 다르고 향기 달라도
쉼터를 주고, 사색을 주고, 추억을 주는 마음은
변함없이 한결같다

겨울의 문턱에서

공원 벤치에 흠뻑 젖어
수북이 쌓인 노란 은행잎
밤새 사나움 부린 거센 바람에
핏기 잃은 누런 잎은
마지막 힘을 다해 파르르
화려하고 찬란하게 빛났던 날은
못내 그리움으로 남기고...

봄이 되어

물과 공기 햇빛만으로
수년을 독야청청
나도 나무가 되고 싶은 적이 여러번 있었다.

그의 우직함이 부럽고
눈, 비바람 속에 앙상한 가지만으로도
봄 되면 따스한 한 줌의 햇빛으로 살아나
싹트고 꽃봉오리 맺어
삶의 희망을 피워내는 꽃 잔치

좋다는, 용하다는, 먹고, 바르고, 기를 써도
한계가 있는
인간의 삶이 부끄러워

풍금

목포시 대의동 2가 1번지
목장 다과점 셋째딸로
나의 초년 시절을 보냈던 곳
일본식 건물 2층엔
양발로 북북 밟아야
구슬픈 소리를 내는 풍금이 있었다
그 덕에 우리 가족은 건반을 다룰 줄 알았고
아버지가 쿵짝 소리내며 치시던 '전선야곡'
어느 날 막둥이는 마술쇼 보고와 흉내 낸다고
풍금 위에 촛불 켜놓고
훅 부는 순간
커튼에 불붙어 손쓸 틈 없이 타버린
추억의 물건으로 되돌아 가버린 풍금
가족들 마음도 새까맣게 타고…

트라우마

싫어하는 숫자 4와 8
건강염려와 불안초조를 달고 살다가
세례를 받던 중
해결하고 싶은 것 주님께 빌어보라 하니
간곡히 원하옵건대 주님
저에게 이 세가지에 무뎌진 삶을
살게 해 주소서
기도 했것만,
주님께 온전히 맡기지 못하고
지금까지도 달고 사는 이 어리석음

주님은
스스로 돕는 자를 돕는다고 했거늘...

내 나이 육십

아침에 눈 뜨면
맑은 공기 맡게 해 주심을 감사하신다는
90세 노모의 말씀에 웃은 적이 있다.
언젠가부터는
불만보다는 안도의 감사함에
나 또한 또 하루를 주셔서
감사함이 절로 나오는
육십이 되었다
인생은 육십부터라는 말이
위로처럼 들리는 건 왜일까

차 한잔

보글보글 찻물 끓이는 소리
코끝으로 스며들어
혀끝에 감겨도는
한잔의 차에 외로움 데우고
한잔의 차에 그리움 삭히고
한잔의 차에 추억을 더듬고
찻잎이 되고
차꽃이 되는 몸과 마음

두 보물

세상에 태어나서 가장 잘한 일이
무엇이냐고 묻는다면
늦깎이 신부 되어
두 아들의 엄마가 된 것
무자식 상팔자라는 말이 무색하여
뒷걸음쳐야 할 듯
보고만 있어도 오지고 찰진 내 두 아들
첨부하자면
셋째놈 짱이까지
나에게 행복한 삶의 의미를 부여해 준
무엇과도 바꿀 수 없는
내 보물들

삽살개

동천다리 갈대밭 가는 길에
비가오나 눈이오나
고리 줄에 묶인 공장지기 삽살개
덕지덕지 뭉친 털로 얼굴인지 몸통인지
누더기 형색으로
움직이니 비로소 개다.
차라리 목줄 풀어주어 유기견이 낫겠다 했더니
아니란다
묶여만 있었으니 돌아다니는 법도 모를 거라고…
마음에 걸려 산책 가는 날이면
이것저것 챙겨 가지만
안 먹어 본건 먹지를 않는다
이상하게 길들여진
불쌍한 삽살개
삽살개는 괜찮은데 나만 힘든가?

텃 밭

난생처음 흙을 만지는 맛에
시간 가는 줄 모른다.

상추 열무 씨뿌리고
배추 고추 모종 심고
양파밭 만들고 감자밭 만들고
온 몸뚱아리 성한 곳 없어도
호미 쥔 손은 쉴지를 모르고
동트기만을 기다려 바지런을 떤다

자식 키우는 거나 텃밭 일구는 일이나
정성 들이고 사랑 듬뿍 줘야
튼실한 열매를 맺는 것 비슷하네

모닝커피

누군가는 맛을 운운하며 마시지만
나는 그저
커피라면 습관처럼 마신다
카페인 때문인지 정신이 든다
커피를 타면서 맛을 기대하는 게 아니라
아침에 마시는
그 설렘으로 순간의 여유로움으로 마시는
한 모금의 커피는
상쾌한 하루를 열어주는 선물

길

세상에는
여러 갈래의 길이 있다
넓은 길, 좁은 길, 높은 길, 낮은 길
어느 길로 가느냐에 따라
보이는 게 다르듯
인생 또한 매한가지
희망을 향해 가는 길은
무거운 짐을 지고도 가벼웁다

콩이

혼자 있는 짱이 친구 만들어 주려
분양 받아온 똘망똘망한 초코푸들 콩이
콩만 해서 콩이라 했거늘
두서너 달 되니
식성 좋아 두부 한판 되고
순둥이 짱이 보다 야문 우리콩이
이사 탓으로 다른 곳으로 양녀 보내고
한 이년 정들어 내 자식 보낸양
이듬 한 해 내내 슬프고 짠하고
까칠하면 조심스럽고 편하면 만만하여
만만한 콩이를 보냈거늘
미안하고 보고 싶고…
사랑한다! 콩아!

구속

새장에 갇힌 새들은 날 수가 없어
자유를 갈망하는 데도 불구하고
원로를 잊어버린다

마음이 어둡고 영혼이 외로운 사람
그래서 삶이 슬픈 사람
누가 가두지 않아도
스스로가 갇힌 삶으로
스스로를 구속하여 새장 속의 새가 된다

교육장 가는 길에 조그만 새장에 갇혀
거인들의 발걸음만 매일 보고 사는
구멍가게 앞 새장속의 새

문을 열어주고픈 충동이
매번 든다.

봄

베란다 창문 밖으로
봄이 왔노라고 아우성이다
봄의 손짓에 길을 나서니
노란 산수유 하얀 목련이
겨우내 얼었던 마음을 환하게 열어준다
봄의 뜨락에서
나는 나무가 되고
새가 되고
꽃이 되고

빈 집

마을 뒤꼍
웅크리고 있는 야트막한 야산 중턱
일어설 듯 기울어져 있는 앙상한 폐가
주인이 남기고 간 얼룩진 마음처럼
어지럽게 무성한 잡초가 마당을 메우고
뒤뜰엔 밤나무 송이 떨어져 벌어지고
앞뜰엔 감 알이 여물어 생기가 도는데
옥수수 수숫대 어우러진 풀덤불 사이로
웅달샘 맑게 솟아
슬픈 눈 뜨고 있어라
초승달 몸 불려 커가면 커갈수록
서러움에 기울어지는
춥고도 추운 집
그림자 앞세우고 걸어 내려오는
길 위의 두발이 몹시도 시리다

허수아비

들판이 남루함을 벗을 무렵
서로 기대고 사는 이삭들을 지키겠다고
만경들판 홀로선 허수아비
지푸라기로 살 메우고
지팡이로 뼈를 삼아
바람막이 누더기 하나로 사철을 보낸다
주린 참새의 벼 서리도 눈감아 주는지
찬바람에 몸 돌려가며
삯 없는 문지기 노릇이 해마다의 몫이건만
허허로운 인생 허허하며 살아가서
이름또한 허수아비인가

항아리

화려한 은박금박줄에
퇴출당한 허수아비 모양
마당 한구석에 밀려
눈칫밥 먹던 장독대의 독들이
그야말로 독이 올라 시위를 한다
빈속으로 뒤집혀 있어도
통통 부어 부황든 배를 앞세우며
단식 투쟁 중이란다
할머님의 들숨과 어머니의 날숨으로
구수한 된장과 알싸한 고추장을
온몸으로 품어 삭혀
가족의 밥상을 책임졌던 기억은 사라지고
김치냉장고에 밀려
찬밥 신세라니…

너에게

감로주가 아닌 시디신 포도주를 나에게 다오
고난의 언덕에 목말라하던 예수의 타는 그 입술에
쏟아부었던 그 포도주를
어느 날 아침
하늘을 날아가던 새들이
일제히 방향을 바꾸어 급선회하는
그 삽상한 변화에 서러워할 것이 없노라
그 공간의 시작과 끝은 어디일지라도
아무것도 주어진거 없다해서
서러워할 것 없으니
얻은 것 보다 잃은 것 많고
자랑보다 부끄러움이 더더욱 많고
즐거움보다 서글픈 일이 더 많은
침울한 이 계절에
아직 거두지 못하고 버려둔 들판의 이삭들을
아쉬워하지도 말아야지

This Too Is Love (II)

- 이것도 사랑 -

There are times when I wonder about you
like an umbrella I look for it
only when it rains.
When I feel lonesome
and empty,
I turn to you
although I don't intend
to ask you how you
have been doing,

이것도 사랑 II

비가 와야 찾는 우산처럼
간혹
그대가 궁금해질 때가 있다
하지만
그간의 안부는
묻지 않기로 하고
그저
외롭고 허전해서 찾는 인연
아멘!

Back to My old Home

- 고향집 -

Who didn't have their season
of flowers?
As sky Flowers Fall,
Flowers on earth take their place,
covering the hills and mountains
with cornelian flowers and cherry blossoms
Flowers bloom and wither,
sunrise ends with twilight.
Living this life reveals that
what brands we wear and
how much we possess
carry no meaning.
Upon returning to my old home,
I sleep in the cozy room
with no worries.

고향집

하늘 꽃 지고
땅 꽃 피는 계절
산수유 벚꽃, 천지사방 만발할 때
꽃이었던 한 시절이 누군들 없었을까
꽃도 황혼도
때맞춰 피고 지니
살다 보면 걸친 것 가진 것 의미 없고
맘 편한 고향 집 돌아오니
방안이 아득해서
잠이 솔솔 온다

이것도 사랑 III

인생이 어려우니 사랑도 참 어렵다
그럼에도 불구하고
달콤 쌉싸름한
그 유혹을 포기할 수 없으니
한 번도 상처받지 않은 자처럼 사랑하고
한 번도 사랑하지 않은 것처럼 헤어질 수 있다면
그 또한
사랑에 준비된 사람일 테지만
미숙했던 지난날을 뒤로하고
남은 날의
완숙된 사랑을 꿈꾸는 거

노년

삶이 뭐 별거더냐
한때 눈길 받던 꽃들도 시들어 초췌해지고
새파랗던 잎들도
낙엽 되어 바닥에 뒹구는데
억새라고 버틸까
흰머리 날리며 언덕까지 따라오는 동안 지쳐
삶의 끄트머리에서 몸이 힘들고 마음도 외로운데
삶이 뭐 별거더냐
바람이 통하여 말라가는 빨래처럼
노년의 슬픔도
그렇게 말려야 하는 것을

아멘

힘든 일이 생기면
당신 앞에 기도합니다.
무거운 짐을 내려달라고
불안함을 재워 달라고
하나님의 무궁무진한 강한 힘 앞에
나약한 인간은
절로 무릎을 꿇습니다.
죽음 앞에서는
더더욱 그렇습니다.
고통과 두려움을 걷어가는
그리하여 주님께로 돌아가는
축복을 주시는 하나님
사는 동안
선함을 행하여
부끄러움이 남지 않은 삶을 살아가자고
오늘도 기도 합니다

갱년기

일기예보를 듣자하니
오늘은 비가 올 확률 70%란다
딱히 할 일은 없지만
지금부터 기분은 찌뿌둥하다
스산한 바람이
조팝나무의 밥풀을
눅눅하고 지저분하게 날리게 하고
잿빛으로 변한 하늘 낯
이내 구름도 몸 바꾸어 비를 부른다
바로 무음모드로 갈아타는
이놈의 갱년기

선암사

휴일에
시내버스 100번 타고 1,250원으로
구불구불 먼 길
선암사 단풍 구경 나섰다
승주읍 쪽으로 들어오니
양쪽으로 마중 나온
은행나무의 노란 잎들이 멀미 날 지경
사이사이 기웃대는 감나무에도
빨갛게 볼 붉은 감들이 주렁주렁 반긴다
편백나무 숲길에서 만난
노스님의 뒷모습이 곱고도 아늑하다
누군가 눈물이 나면
기차를 타고 선암사 가라고 했던가

선암사 해우소 앞
등 굽은 소나무에 기대어 통곡하라 했던가
마음이 한없이 차분해지고
정신이 티 없이 맑아지는 하루다.

Comforting my heart

- 최면걸기 -

On my 60th birthday,
A message of celebration from my son arrived,
"Life begins at 60, congratulations,mama', it said.
Yet within these words, a whisper was heard,
"Now you've become an elder',
Just as the body and spirit naturally wane,
No choice but to face the passage of time, they say.
I feel the same way.

I hear a saying that flows from the television,
"In the era of living to a hundred, I've only lived 60% of my life so far..."

최면걸기

환갑이 된 생일에
아들이 축하 메세지를 보냈다
"인생은 60부터래요 축하해요. 어무이~!"
그런데 나는
이렇게 들렸다
"이제 노인이 되셨어요"
몸도 마음도 스스로가 약해지는
나이에 장사 없다고
나도 그렇다
TV의 공익광고가 눈에 퍼뜩 들어온다
100세 시대에
이제 60% 살았는데 뭘.....

텃 밭 II

코로나 때문에 갈 곳이 없어지고
아파트 뒷산(운암산) 텃밭에
정을 묻어두니
시도 때도 없이 들락거린다
부지런함과 열정으로 공들인 만큼
자그마한 텃밭이
이내 녹색 갤러리가 되었다
자고 나면 쑥쑥 자라
보는 재미가 쏠쏠하다
고추가 주렁주렁
가지도, 오이도, 방울토마토도
좁은 마당에 올망졸망 대가족이다
돌보고 손길 주니
잘도 자란다
애들도 내 정성에 보답하나 보다

장날

해가 쨍쨍 내려쬐어
걷기조차 짜증 난 오후
좁은 닭장에 빽빽이 갇혀
순서를 기다리는 그들은
이제 자유가 없는
털이 듬성듬성 뽑혀져 볼품없는 모습으로
갈증을 느끼는 것조차도 호사다
날개 젖혀 끄집어내자
울대가 터져라고 지르는 비명소리에
소쿠리에 움츠린 토끼 세 마리가
놀란 눈으로 쳐다본다
종일 우울한 하루다
다음 생엔
닭으로 태어나지 말거라

인간관계

시간이 남아돌아 찾는 사람과
시간에 쪽을 내어 찾아온 사람을
구별하라고 했지
미세먼지 자욱한 오늘
시간이 남아서 찾아왔다는데
거절할 수가 없다
매번 다짐했건만
나는 몸과 마음이 따로인가보다
나와 다른 누군가에게
동정이든 위로든
지나고 나면 후회되는 일들
이제 마감해야겠다

아버지

빨간 몽탁 티셔츠에
회색 색숀바지 차림의
멋쟁이 아버지
새벽이면 냉수마찰 하시고
유도관에 다녀와 우리들에게 낙법 시범 보이시는
가부장적이지도 독하지도 않으셨지만
가정교육만큼은 자식들에게 엄격하셨던 아버지
항상 단정하시고 잘생긴 인물에 과묵함까지
몸에 베이신 자랑스런 아버지
독자이셔서 아들딸을 차별할 법도 하지만
모두를 골고루 아끼시던 아버지
말기 위암 선고를 받고도
통증에 갈린 치아만 보았을 뿐...
마지막 가시는 길도
외롭게 혼자 떠나시는 길
부디 편히 영면하소서

Flower

- 꽃 -

All the flowers in the world
are beauty in themselves---
their colors, their scents,
their unique shapes.
Modest but they bloom splendidly.
They blossom as they should do.
How I envy their non-attachment!

꽃

세상의 모든 꽃은
그 자체로 아름다움이다
색깔이 그렇고
향도 그렇고
각기 다른 모양새로
겸손하지만 화려하게 피는,
꽃답게 피다가
미련 없이 꽃답게 지는
그 다움이 부럽다

임종

육십이 되기 전
임종을 세 번 보았다
죽은 자는 말이 없고,
남은 자들의 통곡은
죄스런 양만큼 처절하다
인연이든,
필연이든 정으로 사는 우리네 슬픔은
시간이 갈수록 연해지고...
태어난 날이 있듯
누구도 피할 수 없는 마지막 날
고통 없이 떠나는 게
모든 이의 바람이려니...

부끄러운 것

미국에 사는 언니가
간간히 한국에 들를 때면 구시렁대며 하는 말
올 때마다 늘어나는 게
PC방, 모텔, 편의점이네
영끌이는 또 뭐고…

늘어난다는데도
영혼까지 또 끌어모은다는데
부끄러운 마음이 드는 건 뭐냐

겨울

매콤한 바람이 휭하니 훑고 지나간
텅 빈 놀이터

겨울은
혼자서도 잘 견딘다
오가는 이 없이
목숨 다한 낙엽들과
뒹굴어 흩어지는 황량한 곳에서도
겨울은
혼자서도 잘 견딘다

변치않고 찾아오는
봄을 믿기 때문이다

나이롱 보자기

명절에 한과선물 소담스럽게
포장해 놓은 황금빛 색깔 보자기
광택이 고급지고
촉감이 보드랍다
뭐든 귀한 옛 시절
신줏단지 모시듯 했을 터인데
세련된 포장지와
견고한 종이가방에 밀려
버리기도, 쓰기도 참 애매한

안타까운 애물단지

들꽃

밟고 지나가도 원망하지 않는다
화려하지 않아도 눈길을 끈다
비 내리면 빗물에 젖고
바람 불면 부는 데로 몸 돌아도
자연을 벗 삼아
그렇게 살아온 소박한 일상
구석진 자리에서 조금은 외로울지라도
자기만의 향기와
자기만의 사랑법으로
나름 행복하다는
들꽃

대지의 환생

대지에 물이 올랐다
들판엔 유채꽃이 만발하고
그 향이 바람에 실려
벌과 나비를 불러들였다
꽃 잔치의 파함을 알리듯
나무의 봄꽃이
꽃잎을 모두 떨굴 때
풀꽃 유채는 피어올라
그렇게 다시금
대지의 환생을 알리누나

엄마

시어머니는 어머니시고,
친정어머니는 엄마이다
어머니와 엄마의 느낌은 다르다
올해로 90세가 되신 닭띠 엄마
스마트폰도 현란하게 다루시고,
모르는 것 빼고는 다 아시는
신식 빠이롱 할매
손자들, 사위들은 자랑스러워하건만
나는 시골스런 어머니를 그리워 한터라
매번 티격태격

잔병 없이 지내다가
몇 달 전부터 척추에 고장이 나셨나보다
"노인성 척추 협착증"
그 연세에 그 정도면 당연한 병이니
받아들이시라는 말에
서운함 가득
침묵으로 시위 중

아이러니

육십 넘으면 타인을 위한
봉사활동을 하겠노라는 나와의 약속으로
할 일을 찾던 중,
시니어 인지능력 향상,
노인 자존감 회복에 관련된 교육을 받아
강사로 출근 중에
승차카드 깜빡하여
집에 들어와 보니
TV도 켜져 있고, 가스불도 안 잠그고
누가 누구를 교육 시킨다는 건지...

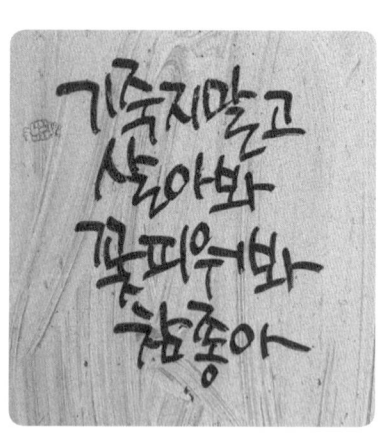

홍시

지은이 : 박숙정
펴낸곳 : 이담(광주광역시 남구 중앙로 119, 062.671.9550)
출판등록 : 2018.01.24(제2018-000001호)
발행일 : 2023.09.18
ISBN : 979-11-963220-6-9
가 격 : 13,000원
이 책은 저작권법에 따라 보호받는 저작물이므로 무단복제를 금합니다.